# Os 50 Personagens Mais Influentes da História:

## A Vida e o Legado das Personalidades que Moldaram o Mundo

**Arthur William Gertz**

"O pensamento é o poder mais poderoso que existe no universo; é a fonte de todas as grandes acções, e as grandes acções são a fonte de todas as grandes realizações." - **Swami Vivekananda**

# Conteúdo

*<u>Cristóvão</u>* **Colombo**

# Prefácio

Nesta cativante viagem histórica, convido-te a mergulhar nas vidas e legados dos 50 Personagens Históricos que Transformaram o Mundo. Prepara-te para ser cativado, inspirado e maravilhado pelas figuras mais influentes de todos os tempos.

Desde visionários revolucionários a líderes incansáveis, de brilhantes mentes científicas a artistas inovadores, esta coleção levar-te-á através dos séculos e continentes, revelando as histórias fascinantes daqueles que desafiaram convenções e deixaram uma marca indelével na história da humanidade. À medida que explorares as suas vidas, descobrirás as paixões e os sacrifícios que os impulsionaram para a frente, superando adversidades aparentemente insuperáveis na busca de um mundo melhor.

As suas conquistas transcendem o tempo e as culturas, abrangendo campos tão diversos como ciência, arte, política, filosofia e muito mais.

Ao longo de cada página, serás testemunha de como estes homens e mulheres extraordinários desafiaram as normas estabelecidas, enfrentaram adversidades e desencadearam uma cascata de transformação nos seus respetivos campos. O seu legado inspira-nos a todos a olhar para além do possível, a perseguir os nossos sonhos com paixão e a lutar por um mundo mais justo e equitativo.

# Introdução

Neste livro intitulado "As 50 pessoas que mudaram o mundo", embarcamos numa emocionante viagem pela história para descobrir o impacto de algumas das figuras mais influentes de todos os tempos. Ao longo destas páginas, exploramos as vidas e os contributos de visionários cujo legado deixou uma marca indelével na nossa sociedade.

É fundamental reconhecer a importância de realçar os contributos individuais para a história. Muitas vezes, temos tendência para nos concentrarmos em acontecimentos e movimentos colectivos, esquecendo que são as acções e as ideias de indivíduos corajosos que verdadeiramente impulsionam a mudança. Estas 50 personagens personificam essa coragem e determinação, desafiando normas estabelecidas, quebrando barreiras e transformando o mundo em que vivemos até hoje.

Ao explorarmos as suas vidas, descobriremos como cada um deles ultrapassou obstáculos intransponíveis, quer científicos, políticos, sociais ou culturais. Os seus feitos transcenderam as limitações do seu tempo e continuam a inspirar as gerações vindouras. Através do seu engenho, paixão e dedicação, estes célebres indivíduos tornaram-se verdadeiros agentes de mudança, impulsionando o progresso e deixando um legado duradouro.

# Jesus de Nazaré

Jesus de Nazaré é uma figura central da história mundial e o fundamento do cristianismo. E considerado por grandes e pequenos como o homem mais influente de todos os tempos.

*Contexto histórico e biografia:*

Jesus de Nazaré nasceu por volta do ano 4 a.C. na região da Judeia, que fazia parte do Império Romano. A maior parte dos pormenores da sua vida provém dos evangelhos do Novo Testamento da Bíblia, escritos pelos seus seguidores, e de outros escritos históricos da época. Jesus cresceu no seio de uma família judia e viveu numa sociedade influenciada tanto pela religião judaica como pela ocupação romana.

*Principais influências e experiências da sua vida:*

Jesus foi profundamente influenciado pela tradição religiosa judaica e acredita-se que tenha estudado as escrituras e os ensinamentos dos profetas desde a infância. Aos trinta anos de idade, iniciou o seu ministério público, pregando uma mensagem de amor, perdão, justiça e salvação em todo o Israel. Jesus tinha um séquito de seguidores devotos e realizou numerosos milagres, incluindo a cura de doentes e a ressurreição de mortos.

*Contribuições e realizações que tiveram impacto no mundo:*

O principal contributo de Jesus foi a fundação do cristianismo, uma das religiões mais influentes da história da humanidade. Os seus ensinamentos, como o amor ao próximo, o perdão e a promessa de vida eterna, tiveram um impacto duradouro na moral e na ética ocidentais. Jesus também estabeleceu os sacramentos cristãos, como o baptismo e a Eucaristia, que continuam a ser fundamentais para a prática religiosa cristã até aos dias de hoje.

*Legado e impacto duradouro:*

O legado de Jesus atravessou séculos e continua a ter um impacto significativo na civilização ocidental e em muitas partes do mundo. O cristianismo tornou-se uma das religiões mais difundidas e praticadas a nível mundial. Os seus ensinamentos sobre o amor, a compaixão e a igualdade inspiraram inúmeras pessoas ao longo da história e têm sido fundamentais para a luta pela justiça social e pelos direitos humanos. Além disso, a figura de Jesus tem sido objecto de culto, estudo teológico e representação artística sob diversas formas ao longo dos séculos.

É importante ter em conta que, para além da crença religiosa, Jesus de Nazaré teve um profundo impacto cultural, filosófico e ético na humanidade, e a sua figura continua a ser objecto de reflexão e debate nos dias de hoje.

O cristianismo é uma das maiores religiões do mundo e tem um grande número de seguidores em diferentes denominações. De seguida, apresentarei uma estimativa aproximada do número total de adeptos do cristianismo, tendo em conta tanto os católicos como os protestantes:

*Catolicismo:* De acordo com as estatísticas mais recentes, a Igreja Católica é a maior denominação cristã, com cerca de 1,4 mil milhões de seguidores em todo o mundo.

*Protestantismo:* O protestantismo engloba uma grande variedade de denominações, incluindo luteranos, baptistas, metodistas, presbiterianos, pentecostais e outros. Essas denominações protestantes juntas têm aproximadamente 800 milhões de seguidores, que, em última análise, têm um profundo amor pela figura de Jesus de Nazaré.

Em resumo, somando os seguidores católicos e protestantes, estima-se que o cristianismo tenha cerca de 2,5 mil milhões de adeptos em todo o mundo. Além disso, estima-se que, ao longo da história, terão morrido mais dois mil milhões de pessoas que concordaram com os seus ensinamentos. Por isso e muito mais, Jesus é a figura histórica mais influente da história.

# Muhammad

Muhammad, cujo nome completo é Muhammad Ibn Abd Allah, nasceu por volta de 570 em Meca, na região da actual Arábia Saudita. É considerado o último e principal profeta do Islão. Maomé recebeu revelações divinas através do anjo Gabriel, que foram posteriormente compiladas no Alcorão, o livro sagrado do Islão. A sua vida e os seus ensinamentos deram origem à religião islâmica e, subsequentemente, às suas muitas ramificações.

*As esposas e a vida íntima:*

Maomé teve várias esposas durante a sua vida. Calcula-se que tenha casado com cerca de 11 a 13 mulheres, mas o número exacto varia de acordo com as diferentes fontes históricas. Aisha, uma das suas esposas, desempenhou um papel importante na transmissão dos Hadith (relatos dos ditos e feitos de Maomé) e é considerada uma figura proeminente do Islão.

*Factos divertidos e experiências importantes da sua vida:*

Durante a sua vida, Maomé enfrentou vários desafios e perseguições devido à sua pregação e ao seu apelo ao culto de um Deus único, o Islão. Em 622, Maomé e os seus seguidores emigraram de Meca para Medina, um acontecimento conhecido como a Hégira. Este acontecimento marcou o início do calendário islâmico e o reforço da comunidade muçulmana.

*Contribuições e realizações que tiveram impacto no mundo:*

Maomé lançou as bases do Islão, uma das religiões mais difundidas do mundo, com milhares de milhões de seguidores actualmente. Os seus ensinamentos abrangem aspectos religiosos, éticos e jurídicos e tiveram um profundo impacto na cultura, na sociedade e na política de muitas regiões.

*Legado e impacto duradouro:*

O legado de Maomé é de grande importância para os muçulmanos, que o consideram o último e mais importante profeta enviado por Deus. Os seus ensinamentos e o seu exemplo são fundamentais para a prática do Islão. Além disso, a difusão do Islão sob a sua liderança teve um impacto significativo na história mundial, influenciando aspectos políticos, sociais e culturais em várias regiões.

A religião do Islão, fundada por Maomé no século VII d.C., tem actualmente cerca de 1,8 mil milhões de seguidores em todo o mundo. É uma das religiões mais difundidas e tem uma base significativa de adeptos em vários países e regiões do mundo, especialmente no Médio Oriente, Norte de África, Sudeste Asiático e partes da Europa.

Ao longo da sua história, o Islão conheceu um crescimento constante e teve também períodos de expansão significativa. Desde a sua fundação até à actualidade, estima-se que tenha tido mais de 4 mil milhões de pessoas. Assim, o seu impacto tem sido significativo na história mundial. E é por isso que Maomé é a segunda pessoa mais influente da história.

# Gautama Buda

Gautama, também conhecido simplesmente como Buda, foi o fundador do Budismo e uma das figuras mais influentes da história da humanidade.


***Contexto histórico e biografia:***

Gautama Buda viveu no século VI a.C. na região nordeste da Índia, no actual Nepal. Nasceu no seio de uma família nobre e teve uma vida confortável e privilegiada na sua juventude. No entanto, aos 29 anos, abandonou a sua vida de riqueza e luxo para embarcar numa busca espiritual em busca da verdade e da libertação do sofrimento humano.

***Vida íntima e factos divertidos:***

Gautama Buda abandonou a sua vida familiar e renunciou às suas responsabilidades de marido e pai na sua busca espiritual. Passou vários anos a praticar a austeridade e a meditação, procurando a iluminação. Durante este tempo, diz-se que atingiu o estado de Buda, que significa "o iluminado".

***Principais influências e experiências da sua vida:***

A principal influência na vida de Buda foi o seu encontro com o sofrimento humano e o seu desejo de encontrar uma solução para o aliviar. A sua experiência de testemunhar o sofrimento, a doença e a morte, despertou nele uma profunda compaixão e uma procura da verdade para além dos ensinamentos religiosos e filosóficos convencionais do seu tempo.

***Contribuições e realizações que tiveram impacto no mundo:***

Gautama Buda fundou o Budismo, uma tradição espiritual e filosófica baseada nos seus ensinamentos sobre o sofrimento humano e o caminho para a libertação e a iluminação. Os seus ensinamentos centram-se no "Nobre Caminho Óctuplo", que inclui práticas como a compreensão correcta, o pensamento correcto, a acção correcta e a meditação.

Buda transmitiu os seus ensinamentos a um vasto espectro de pessoas, desde monges e monjas a reis e mendigos. A sua mensagem de compaixão, sabedoria e libertação do sofrimento ressoou profundamente junto daqueles que procuravam uma resposta para os desafios da existência humana.

### Legado e impacto duradouro:

O legado de Buda é imenso. O seu ensinamento do Budismo espalhou-se ao longo dos séculos e influenciou milhões de pessoas em todo o mundo. O budismo deixou uma marca profunda na cultura, filosofia e espiritualidade mundiais.

O foco de Buda na compaixão, na não-violência e na busca da iluminação interior inspirou numerosas pessoas e deu origem a movimentos sociais e filosóficos baseados nos seus ensinamentos. Para além disso, o Budismo influenciou outras tradições espirituais e promoveu o diálogo inter-religioso e a procura da paz e da harmonia.

Difusão mundial: Ao longo dos séculos, o budismo difundiu-se para além das fronteiras da Índia, em diferentes partes da Ásia, incluindo a China, o Japão, o Tibete, o Sri Lanka e o Vietname. Actualmente, é também praticado em várias comunidades do Ocidente.

*Ênfase na meditação:* O Buda enfatizou a prática da meditação como um meio de cultivar a atenção plena e a compreensão profunda da mente e da realidade. A sua ênfase na meditação influenciou muitas tradições e abordagens contemporâneas à meditação.

*A busca da iluminação*: A ideia central do Budismo é a busca da iluminação ou do despertar espiritual. Buda ensinou que qualquer pessoa pode atingir este estado através da compreensão das Quatro Nobres Verdades e seguindo o Nobre Caminho Óctuplo.

*Ética e moral:* Os ensinamentos de Buda também sublinham a importância de viver uma vida ética e moral. O conceito de "karma" e a compreensão das acções e das suas consequências são fundamentais para o Budismo.

*A filosofia da impermanência: O* Buda ensinou que tudo na vida é transitório e está sujeito a mudanças. Esta visão da impermanência influenciou a forma como as pessoas percepcionam a realidade e como lidam com os desafios e as mudanças nas suas vidas.

Em resumo, Gautama Buda foi um líder espiritual cujos ensinamentos tiveram um impacto profundo na espiritualidade, na filosofia e na cultura global. A sua ênfase na compaixão, na sabedoria e na libertação do sofrimento repercutiu-se ao longo dos séculos e continua a inspirar milhões de pessoas na sua busca de uma vida significativa e gratificante. Com uma estimativa de 500 milhões de pessoas actualmente e de mil milhões de pessoas mortas ao longo da história, o Buda é a terceira pessoa mais influente da história.

# Albert Einstein

Albert Einstein foi um físico teórico alemão de origem judaica, nascido a 14 de Março de 1879 em Ulm, Alemanha. O seu trabalho revolucionou a nossa compreensão do tempo, do espaço, da gravidade e da energia, e é considerado um dos cientistas mais influentes da história.

Quanto à sua vida pessoal, Einstein casou-se duas vezes. A sua primeira mulher foi Mileva Marić, com quem teve três filhos, e a sua segunda mulher foi Elsa Löwenthal. Quanto à sua vida íntima e aos detalhes específicos sobre a sua sexualidade, não existem registos detalhados, e Einstein manteve uma privacidade rigorosa nestes assuntos.

Alguns factos divertidos sobre Einstein incluem a sua paixão por tocar violino e o seu amor pela vela. Diz-se também que tinha o cabelo desarrumado e atribui-se-lhe frequentemente a frase "A imaginação é mais importante do que o conhecimento".

As principais influências e experiências na vida de Einstein incluem o estudo da física na Universidade de Zurique, onde se formou em 1900. Durante o seu tempo no Instituto Suíço de Patentes, publicou vários artigos científicos inovadores, incluindo o famoso artigo sobre a teoria da relatividade especial em 1905.

As contribuições e realizações de Einstein que tiveram impacto no mundo são numerosas. A sua teoria da relatividade especial e a sua famosa equação $E = mc^2$ alteraram a nossa compreensão da relação entre energia e massa e lançaram as bases para o desenvolvimento da física moderna. A sua teoria da relatividade geral, publicada em 1915, forneceu uma nova descrição da gravidade e previu a existência de buracos negros.

O legado e o impacto duradouro de Einstein são enormes. As suas ideias e descobertas transformaram a nossa compreensão do universo e tiveram aplicações práticas em domínios como a tecnologia de satélites, a energia nuclear e a cosmologia. Para além disso, Einstein foi um defensor do pacifismo e lutou pela igualdade e pelos direitos civis. A sua influência vai para além da ciência, sendo um símbolo de génio e criatividade que inspira gerações de cientistas e pensadores.

# Abraham Lincoln

Foi o 16º Presidente dos Estados Unidos, nascido a 12 de Fevereiro de 1809 em Hodgenville, Kentucky. O seu mandato presidencial decorreu durante um período crucial da história americana: a Guerra Civil (1861-1865) e a abolição da escravatura.

Quanto à sua vida pessoal, Lincoln casou-se com Mary Todd em 1842 e tiveram quatro filhos juntos. Quanto à sua vida íntima e aos pormenores da sua sexualidade, não existem registos disponíveis que indiquem que Lincoln tenha tido relações românticas ou sexuais com pessoas do mesmo sexo, embora tenha havido alguma especulação e teorias a este respeito.

Um facto curioso sobre Lincoln é que ele era conhecido pela sua estatura, com cerca de 1,93 metros de altura. Era também um orador habilidoso e é-lhe atribuído o discurso mais famoso da sua carreira política, o Discurso de Gettysburg.

As principais influências e experiências na vida de Lincoln incluem a sua educação humilde no seio de uma família de agricultores, a sua auto-educação e o seu envolvimento na política. Antes de se tornar presidente, Lincoln exerceu advocacia e envolveu-se na política do estado de Illinois.

As contribuições e realizações de Lincoln que tiveram impacto no mundo são significativas. Enquanto presidente, conduziu os Estados Unidos durante a Guerra Civil e desempenhou um papel crucial na preservação da União e na abolição da escravatura. É recordado pela sua Proclamação de Emancipação de 1863, que declarou a liberdade dos escravos nos Estados rebeldes, lançando as bases para a abolição total da escravatura nos Estados Unidos.

O legado e o impacto duradouro de Lincoln são vastos. A sua liderança durante a Guerra Civil e a sua luta pela igualdade e justiça raciais foram fundamentais para a história dos Estados Unidos. A sua imagem e os seus ideais tornaram-se símbolos de liberdade e democracia.

Para além disso, o seu assassinato em 1865 fez dele um mártir nacional e contribuiu para a sua veneração como um dos presidentes mais proeminentes da história americana.

# Leonardo da Vinci

Leonardo foi um importante polímata italiano do Renascimento, conhecido pelas suas competências em pintura, escultura, arquitectura, música, anatomia e engenharia.

### *Contexto histórico e biografia:*

Leonardo da Vinci nasceu a 15 de Abril de 1452 em Vinci, Itália. Viveu numa época de grande efervescência artística e científica, conhecida como Renascimento. Da Vinci foi aprendiz no atelier do pintor Andrea del Verrocchio e desenvolveu o seu próprio estilo artístico, caracterizado pelo realismo, profundidade e domínio técnico.

### *Vida íntima e factos divertidos:*

Não se sabe se Leonardo da Vinci teve mulher ou filhos. Embora se conheçam poucos pormenores sobre a sua vida íntima, acredita-se que era homossexual, com base em alguns dos seus escritos e desenhos pessoais. Para além da sua extraordinária capacidade artística, também se dedicou à anatomia e fez numerosos estudos detalhados do corpo humano.

### *Principais influências e experiências da sua vida:*

Da Vinci foi influenciado pelo ambiente cultural do Renascimento italiano, bem como por figuras importantes do seu tempo, incluindo os pintores Andrea del Verrocchio e Sandro Botticelli. Além disso, a sua curiosidade e espírito inquisitivo levaram-no a estudar uma grande variedade de disciplinas, desde a anatomia à engenharia e à astronomia.

### *Contribuições e realizações que tiveram impacto no mundo:*

Leonardo da Vinci deixou um legado impressionante, tanto no domínio artístico como no científico. As suas pinturas mais famosas, como "A Última Ceia" e "A Mona Lisa", deixaram uma marca duradoura na história da arte. As suas obras revelam um domínio técnico sem precedentes e uma abordagem inovadora da utilização da perspectiva e da representação da figura humana.

Para além do seu contributo artístico, da Vinci fez numerosas descobertas e projectos em domínios como a anatomia, a física, a engenharia e a arquitectura. Os seus cadernos de notas contêm uma grande quantidade de esboços e ideias inovadoras, desde projectos de máquinas voadoras a estudos pormenorizados da anatomia humana.

### Legado e impacto duradouro:

O legado de Leonardo da Vinci na história da arte e da ciência é inegável. A sua abordagem multidisciplinar e a sua capacidade de combinar a criatividade artística com a observação científica lançaram as bases para o Renascimento e para os avanços posteriores em domínios como a anatomia, a engenharia e a astronomia.

A sua visão interdisciplinar e a sua curiosidade insaciável continuam a inspirar artistas e cientistas nos dias de hoje. Da Vinci demonstrou a importância de combinar a criatividade com o conhecimento científico para alcançar avanços significativos em diferentes domínios.

# Mahatma Gandhi

Foi um líder político e espiritual indiano, conhecido pelo seu papel na luta pela independência da Índia e pela sua defesa da não-violência.

### Contexto histórico e biografia:

Mohandas Karamchand Gandhi nasceu a 2 de Outubro de 1869 em Porbandar, uma cidade do estado de Gujarat, na Índia. Gandhi cresceu no seio de uma família hindu e estudou Direito em Londres. Depois de regressar à Índia, Gandhi tornou-se um líder político e defensor dos direitos civis, liderando movimentos não violentos e campanhas pela independência da Índia do domínio britânico.

### Esposa e vida íntima:

Gandhi casou-se com Kasturba Makhanji aos 13 anos de idade, num casamento arranjado. Kasturba foi uma companheira fiel de Gandhi e tornou-se também uma activista dos direitos civis. Tiveram quatro filhos juntos, mas a sua vida familiar foi marcada pelas exigências da luta política e da vida comunitária.

### Principais influências e experiências da sua vida:

Gandhi foi influenciado por várias filosofias e religiões, incluindo o hinduísmo, o jainismo, o cristianismo e os ensinamentos de figuras como Henry David Thoreau e Leo Tolstoy. A discriminação racial que viveu na África do Sul e o seu encontro com o movimento dos direitos civis foram experiências fundamentais que o levaram a desenvolver a sua filosofia de resistência não violenta e desobediência civil.

### Contribuições e realizações que tiveram impacto no mundo:

Gandhi é conhecido pela sua liderança na luta pela independência da Índia, utilizando tácticas de resistência não violenta. A sua filosofia de "Satyagraha" (firmeza na verdade) tornou-se um método poderoso de luta contra a injustiça e a opressão. Gandhi organizou campanhas de desobediência civil, boicotes a produtos britânicos e greves de fome para promover a liberdade e os direitos civis.

### *Legado e impacto duradouro:*

O legado de Gandhi deixou uma marca profunda na história e na política mundiais. O seu enfoque na não-violência e na resistência pacífica influenciou líderes e movimentos em todo o mundo, como Martin Luther King Jr. e Nelson Mandela. Gandhi também defendia a igualdade social, a justiça económica e a harmonia religiosa. A sua visão de uma Índia independente e unida tornou-se realidade em 1947, quando o país alcançou a independência.

O legado de Gandhi transcende o seu papel na independência da Índia. A sua filosofia e os seus métodos de não-violência continuam a inspirar a luta pelos direitos humanos, pela justiça social e pela paz em todo o mundo. Gandhi é reconhecido internacionalmente como um ícone da resistência pacífica e a sua mensagem de amor, tolerância e compaixão continua a ter eco nos dias de hoje.

Além disso, Gandhi defendeu a igualdade de género e a emancipação das mulheres, lutando pela sua plena participação na sociedade. Defendeu também a protecção do ambiente e a sustentabilidade, reconhecendo a interligação entre os seres humanos e a natureza.

Em suma, Mahatma Gandhi deixou um legado significativo na história ao liderar a luta pacífica pela independência da Índia e ao promover a não-violência como uma forma eficaz de resistência contra sistemas desiguais e tirânicos. A sua mensagem de amor, tolerância, justiça social e resistência pacífica continua a ser relevante e a sua figura é admirada como um símbolo da luta pela liberdade e pela paz em todo o mundo.

# Martin Luther King Jr.

Foi um líder proeminente do movimento dos direitos civis nos Estados Unidos.

*Contexto histórico e biografia:*

Martin Luther King Jr. nasceu a 15 de Janeiro de 1929 em Atlanta, Geórgia, durante um período de segregação e discriminação racial nos Estados Unidos. Era um pastor baptista e tornou-se um proeminente defensor dos direitos civis, liderando numerosos protestos pacíficos para combater a injustiça e a segregação racial.

**Vida íntima e factos divertidos:**

Martin Luther King Jr. casou-se com Coretta Scott King em 1953 e tiveram quatro filhos juntos. Embora seja mais conhecido pela sua liderança no movimento dos direitos civis, foi também um pai dedicado e um marido empenhado.

*Principais influências e experiências da sua vida:*

A infância e a educação de King no Sul segregado dos Estados Unidos, bem como os ensinamentos do seu pai e da sua mãe, influenciaram a sua visão da igualdade e da justiça. Foi também influenciado pelo activismo de figuras como Mahatma Gandhi e Henry David Thoreau, que promoveram a resistência pacífica e a desobediência civil como meios de mudança social.

*Contribuições e realizações que tiveram impacto no mundo:*

Martin Luther King Jr. foi o principal líder do movimento dos direitos civis nos Estados Unidos. O seu famoso discurso "Eu tenho um sonho", proferido durante a Marcha sobre Washington em 1963, tornou-se um símbolo da luta pela igualdade e justiça raciais. A sua luta não violenta e a sua defesa dos direitos civis inspiraram milhões de pessoas e foram fundamentais para a aprovação de legislação importante, como a Lei dos Direitos Civis de 1964 e a Lei do Direito de Voto de 1965.

*Legado e impacto duradouro:*

O legado de Martin Luther King Jr. continua vivo na luta pela igualdade e pela justiça em todo o mundo. A sua coragem e liderança pacífica têm sido uma fonte de inspiração para movimentos sociais e líderes de diversas causas. A sua ênfase na não-violência, na justiça e no amor fraterno continua a ressoar na luta pelos direitos humanos.

Além disso, King também defendeu a eliminação da pobreza e a promoção da igualdade económica, e a sua mensagem sobre a interligação das lutas pela raça, classe e justiça social continua a ser relevante hoje em dia.

Em suma, Martin Luther King Jr. foi um líder carismático e pacifista cujo empenhamento na igualdade racial e na justiça social teve um impacto significativo na luta pelos direitos civis nos Estados Unidos. O seu legado de resistência não violenta e a sua visão de um mundo mais justo continuam a inspirar as gerações actuais na sua busca de igualdade e justiça.

# Confúcio

De nome verdadeiro Kong Qiu, foi um filósofo e pedagogo chinês que viveu durante o período da dinastia Zhou, no século V a.C.

### Contexto histórico e biografia:

Confúcio nasceu em 551 a.C. na cidade de Qufu, na actual província de Shandong, na China. Viveu numa época de convulsão política e social, conhecida como o Período dos Reinos Combatentes, caracterizado pela guerra e pela fragmentação política. Confúcio esforçou-se por restaurar a harmonia social e promover a estabilidade através da ética e da educação.

### Vida íntima e factos divertidos:

Pouco se sabe sobre a vida íntima de Confúcio. Ele casou-se e teve vários filhos, mas não se conhecem pormenores específicos sobre a sua vida familiar ou romântica. Confúcio concentrou-se nos seus estudos e na sua missão de transmitir os seus ensinamentos aos seus discípulos e às gerações futuras.

### Principais influências e experiências da sua vida:

Confúcio foi influenciado pelas antigas tradições e filosofias chinesas, como o confucionismo e o taoísmo. Também estudou e inspirou-se nas práticas sociais e políticas da época, procurando formas de melhorar a sociedade através da moralidade e da rectidão.

### Contribuições e realizações que tiveram impacto no mundo:

Os ensinamentos de Confúcio, compilados no livro conhecido como os Analectos, centram-se na ética, na moralidade e na virtude pessoal. Defendia a importância de relações familiares harmoniosas, a lealdade para com o governo e o respeito pelos mais velhos. A sua influência na educação e na formação moral perdurou durante séculos na cultura chinesa.

### Legado e impacto duradouro:

O legado de Confúcio teve um impacto significativo na sociedade chinesa e em muitas outras culturas da Ásia Oriental. Os seus ensinamentos tornaram-se a base do confucionismo, uma filosofia que influenciou a política, a moral e a educação na China durante séculos. As suas ideias sobre harmonia social, virtude e ética continuam a ser estudadas e debatidas actualmente.

Para além disso, os ensinamentos de Confúcio também influenciaram a formação de sistemas educativos e a promoção de valores morais em várias sociedades. A sua ênfase na rectidão, no respeito e na sabedoria deixou uma marca duradoura no pensamento e na cultura de todo o mundo.

# Winston Churchill

Foi um político e líder britânico durante a Segunda Guerra Mundial.

*Contexto histórico e biografia:*

Winston Churchill nasceu a 30 de Novembro de 1874 em Woodstock, Oxfordshire, Reino Unido. Viveu numa época de grandes mudanças geopolíticas, incluindo a ascensão do imperialismo britânico e os desafios políticos das duas guerras mundiais. Churchill ocupou vários cargos políticos durante a sua vida, incluindo duas vezes como Primeiro-Ministro do Reino Unido.

*Vida íntima e factos divertidos:*

Churchill casou-se com Clementine Hozier em 1908 e tiveram cinco filhos juntos. Embora existam poucos pormenores sobre a sua vida íntima, sabe-se que Churchill era um escritor prolífico e um pintor ávido. Para além disso, Churchill era conhecido pela sua paixão por charutos e pelo seu gosto por whisky.

*Principais influências e experiências da sua vida:*

Churchill cresceu num ambiente político, uma vez que o seu pai era também um político. As suas experiências no exército e o seu envolvimento na Primeira Guerra Mundial deram-lhe uma visão única dos desafios e perigos da guerra. Foi também influenciado pela história e pela literatura e adquiriu uma profunda compreensão da política e da estratégia.

*Contribuições e realizações que tiveram impacto no mundo:*

Durante a Segunda Guerra Mundial, Churchill foi uma figura-chave na resistência britânica contra a Alemanha nazi. Os seus discursos inspiradores e a sua liderança inabalável deram esperança ao povo britânico em tempos difíceis. Além disso, Churchill desempenhou um papel crucial na formação da coligação dos Aliados e no planeamento estratégico da guerra.

*Legado e impacto duradouro:*

O legado de Churchill reside na sua liderança durante a Segunda Guerra Mundial e no seu papel na defesa dos valores democráticos. Os seus discursos e a sua determinação deixaram uma impressão duradoura na história. Churchill também se distinguiu pela sua visão geopolítica e pela sua defesa da cooperação internacional, que contribuiu para a formação de organizações como as Nações Unidas.

Além disso, Churchill foi galardoado com o Prémio Nobel da Literatura em 1953 pela sua mestria na oratória e na escrita histórica. As suas obras literárias, como "A Segunda Guerra Mundial" e "História dos Povos de Língua Inglesa", foram amplamente lidas e estudadas. Em suma, Winston Churchill foi um líder político britânico notável, cuja liderança durante a Segunda Guerra Mundial e as suas contribuições para a defesa dos valores democráticos deixaram um legado duradouro. A sua firmeza, a sua oratória inspiradora e o seu empenhamento na paz e na cooperação internacional continuam a ser exemplos relevantes nos dias de hoje.

# Alexandre o Grande

Também conhecido como Alexandre III da Macedónia, foi um importante líder militar e político que viveu no século IV a.C.

*Contexto histórico e biografia:*

Alexandre, o Grande, nasceu a 20 de Julho de 356 a.C. em Pela, na Macedónia. Era filho do rei Filipe II da Macedónia e herdou o trono aos 20 anos de idade, após o assassinato do pai. O seu reinado foi marcado por uma série de campanhas militares que levaram à expansão do Império Macedónio para a Ásia, chegando até ao Egipto e à Índia.

*Vida íntima e factos divertidos:*

Quanto à sua vida íntima, Alexandre Magno casou-se três vezes. A sua primeira mulher foi Roxana, uma princesa bactriana, com quem teve um filho chamado Alexandre IV. Também lhe são atribuídas relações íntimas com homens, o que era comum na cultura macedónia da época.

*Principais influências e experiências da sua vida:*

A maior influência na vida de Alexandre, o Grande, foi o seu pai, Filipe II, que o educou nas artes, na filosofia e na guerra. O famoso filósofo grego Aristóteles também o ensinou. Estas influências proporcionaram-lhe uma educação completa e ajudaram-no a desenvolver capacidades de liderança, estratégia militar e pensamento político.

*Contribuições e realizações que tiveram impacto no mundo:*

O maior feito de Alexandre, o Grande, foi a criação de um dos maiores impérios da História. A sua ousada campanha militar conquistou grande parte do mundo conhecido no seu tempo, desde a Grécia e o Egipto até à Pérsia, à Índia e muito mais. As suas tácticas militares inovadoras e a sua capacidade de unir as tropas fizeram dele um dos líderes militares mais bem sucedidos da história.

*Legado e impacto duradouro:*

O legado de Alexandre, o Grande, foi significativo tanto a nível político como cultural. A sua conquista difundiu a cultura grega helenística por todo o seu império, influenciando a arquitectura, a arte e a literatura das regiões conquistadas. Para além disso, o seu legado político lançou as bases para o aparecimento de reinos helenísticos após a sua morte.

Alexandre, o Grande, é também recordado como um líder visionário que procurou a unificação de diferentes culturas e a difusão do conhecimento. Fundou numerosas cidades, muitas das quais com o seu nome, como Alexandria, no Egipto, que se tornou um importante centro cultural e comercial.

# Aristóteles

Foi um filósofo e cientista grego que viveu no século IV a.C.

### *Contexto histórico e biografia:*

Aristóteles nasceu em 384 a.C. na cidade de Stagira, na antiga Macedónia. Foi discípulo de Platão e mais tarde tornou-se tutor do jovem Alexandre, o Grande. Desenvolveu os seus ensinamentos e escreveu extensivamente sobre uma vasta gama de assuntos, incluindo filosofia, ética, política, lógica, biologia e física.

### *Vida íntima e factos divertidos:*

Quanto à sua vida íntima, Aristóteles foi casado duas vezes. A sua primeira mulher foi Pítia, com quem teve uma filha chamada Pítia. Depois de enviuvar, casou-se com uma mulher chamada Herpyllis, com quem teve um filho chamado Nicomachus. Aristóteles é também conhecido por ter fundado a sua própria escola, o Liceu, onde ensinava e fazia investigação.

### *Principais influências e experiências da sua vida:*

Aristóteles foi muito influenciado pelo seu professor, Platão, ele próprio discípulo de Sócrates. A filosofia de Aristóteles baseou-se no pensamento destes dois grandes filósofos. Além disso, o período em que foi tutor de Alexandre, o Grande, permitiu-lhe adquirir experiência em política e liderança, o que influenciou as suas ideias sobre a organização da sociedade.

### *Contribuições e realizações que tiveram impacto no mundo:*

As contribuições de Aristóteles são vastas e abrangem diversos domínios do conhecimento. Foi um dos primeiros a desenvolver um sistema lógico formal e a sua obra "Organon" lançou as bases da lógica clássica. Os seus escritos sobre ética e política, como a "Ética a Nicómaco" e a "Política", continuam a ser referências importantes nestes domínios.

No domínio das ciências naturais, Aristóteles efectuou investigações e classificações pormenorizadas em áreas como a biologia e a zoologia. As suas obras, como a "História dos Animais" e o "De Anima", lançaram as bases para o estudo sistemático da vida e da mente.

***Legado e impacto duradouro:***

O legado de Aristóteles é imenso e tem perdurado ao longo dos séculos. Os seus ensinamentos e escritos têm sido continuamente estudados e debatidos, influenciando domínios como a filosofia, a ética, a política, a lógica e as ciências naturais. A sua abordagem lógica e sistemática teve um impacto duradouro no pensamento ocidental e lançou as bases de muitas disciplinas académicas.

Para além disso, Aristóteles fundou o Liceu, que se tornou um importante centro de estudo e ensino. Os seus discípulos, conhecidos como peripatéticos, continuaram o seu legado e difundiram as suas ideias.

Aristóteles também estabeleceu o método de observação e classificação sistemática no estudo da natureza, lançando as bases para a investigação científica subsequente. Os seus contributos para a biologia, a zoologia e outras áreas científicas deixaram uma marca duradoura na compreensão do mundo natural.

# Isaac Newton

(1643-1727) foi um importante cientista, matemático e físico inglês que deu contributos fundamentais nos domínios da física, da matemática e da astronomia.

### Contexto histórico:

Isaac Newton viveu numa época conhecida como o Século das Luzes e o Renascimento Científico. Nasceu a 25 de Dezembro de 1643 em Woolsthorpe, Inglaterra, durante o reinado de Carlos I. A sua vida e obra decorreram numa época de grandes mudanças intelectuais e científicas.

### Biografia:

Newton cresceu numa quinta e demonstrou desde muito cedo um grande talento para a matemática. Estudou na Universidade de Cambridge e tornou-se professor no Trinity College. Durante a sua vida, Newton nunca se casou e é considerado um solteiro.

### Vida íntima:

A vida pessoal de Newton tem sido objecto de especulação e debate. Sabe-se que era introvertido e obcecado pelo seu trabalho científico. Passava longas horas imerso nas suas pesquisas e experiências, o que o levava a negligenciar outras áreas da sua vida.

### Factos divertidos:

Newton teve um esgotamento nervoso na sua juventude e retirou-se da vida pública durante um período.

Era conhecido pela sua personalidade difícil e pelos conflitos com outros cientistas da época, como Robert Hooke e Gottfried Leibniz.

Newton foi membro do Parlamento britânico durante um breve período.

Para além dos seus contributos científicos, Newton interessou-se também pela alquimia e pela teologia.

Principais influências e experiências:

Newton foi influenciado pelo trabalho de cientistas anteriores, como Galileu Galilei, Johannes Kepler e René Descartes. Estas influências levaram-no a desenvolver a sua famosa teoria da gravitação universal e as leis do movimento, que revolucionaram a física.

***Contribuições e realizações:***

Formulou as leis do movimento, conhecidas como Leis de Newton, que são fundamentais para a física clássica.

Desenvolveu a teoria da gravitação universal, explicando a atracção entre os corpos celestes.

Realizou importantes progressos no domínio da matemática, nomeadamente no cálculo diferencial e integral.

Foi o primeiro a decompor a luz branca num espectro de cores utilizando um prisma, lançando as bases da óptica moderna.

***Legado e impacto duradouro:***

O legado de Isaac Newton é inegável. As suas descobertas lançaram as bases da física moderna e transformaram a nossa compreensão do mundo natural. A sua abordagem científica baseada na observação, experimentação e raciocínio lógico lançou as bases do método científico e tem influenciado gerações de cientistas desde então. As suas ideias e teorias continuam a ser fundamentais em muitos domínios da ciência e o seu nome está associado ao génio e à revolução científica.

# Louis Pasteur

Nascido em 27 de Dezembro de 1822 em Dole, França, e falecido em 28 de Setembro de 1895 em Marnes-la-Coquette, foi um cientista e químico conhecido pelos seus contributos para a microbiologia e a medicina.

Quanto à sua vida pessoal, Pasteur casou-se com Marie Laurent em 1849, com quem teve cinco filhos. No que diz respeito à sua vida íntima, não existem muitos pormenores, uma vez que não está amplamente documentada.

Pasteur viveu num contexto histórico em que a medicina e a ciência estavam a desenvolver-se rapidamente. Foi influenciado pela descoberta da teoria dos germes e pela ideia de que os microrganismos eram a causa de muitas doenças. Entre as suas principais experiências contam-se os trabalhos sobre a fermentação, a vacinação e a esterilização.

As suas contribuições e realizações mais notáveis incluem o desenvolvimento da técnica de pasteurização, que permitiu a preservação dos alimentos e a prevenção de doenças transmitidas por alimentos contaminados. Desenvolveu também vacinas para doenças como a raiva e o carbúnculo, lançando as bases da imunização moderna.

O legado de Louis Pasteur é de grande importância no domínio da medicina e da microbiologia. As suas descobertas revolucionaram a compreensão das doenças infecciosas e lançaram as bases para o desenvolvimento da microbiologia moderna. A sua abordagem científica rigorosa e os seus contributos para a medicina salvaram inúmeras vidas e tiveram um impacto duradouro na saúde pública.

Para além disso, Pasteur foi um dos primeiros cientistas a reconhecer a importância da popularização da ciência e da aplicação prática das descobertas científicas em benefício da sociedade. O seu trabalho e dedicação à ciência deixaram um legado duradouro e lançaram as bases para o avanço científico e médico em todo o mundo.

# Nelson Mandela

Foi um líder sul-africano e uma figura emblemática na luta contra o apartheid.

### Contexto histórico e biografia:

Nelson Mandela nasceu a 18 de Julho de 1918 em Mvezo, na África do Sul. Viveu numa época em que a África do Sul era marcada pela discriminação racial e pela política do apartheid, um sistema de segregação racial institucionalizado. Mandela tornou-se um defensor incansável da igualdade e da justiça para todos os sul-africanos, independentemente da raça.

### Vida íntima e factos divertidos:

Nelson Mandela foi casado três vezes. A sua primeira mulher foi Evelyn Mase, com quem teve quatro filhos. Mais tarde, casou-se com Winnie Madikizela, com quem teve duas filhas. O seu terceiro casamento foi com Graça Machel, viúva do antigo presidente de Moçambique, Samora Machel. Mandela foi pai, avô e bisavô, e a sua família desempenhou um papel importante na sua luta e no seu legado.

### Principais influências e experiências da sua vida:

A experiência de Mandela ao crescer numa África do Sul segregada e o seu confronto com a discriminação racial influenciaram o seu empenhamento na luta pela igualdade. A sua experiência como líder do Congresso Nacional Africano (ANC), a sua prisão durante 27 anos e a sua relação com outros líderes políticos e activistas dos direitos civis foram experiências fundamentais que moldaram a sua determinação e a sua visão de uma África do Sul livre e democrática.

### Contribuições e realizações que tiveram impacto no mundo:

A contribuição mais notável de Nelson Mandela foi a sua liderança na luta contra o apartheid e o seu papel na transição pacífica da África do Sul para a democracia. Após a sua libertação da prisão em 1990, Mandela desempenhou um papel crucial nas negociações para pôr fim ao apartheid e tornou-se o primeiro presidente negro da África do Sul em 1994.

### Legado e impacto duradouro:

O legado de Nelson Mandela caracteriza-se pela sua luta incansável pela justiça e pela igualdade. A sua liderança inspirou pessoas em todo o mundo e tornou-se um símbolo da resistência pacífica e da reconciliação. O seu empenho na reconciliação nacional e na promoção da unidade e da igualdade racial ajudou a evitar uma guerra civil e lançou as bases para a construção de uma África do Sul democrática e multicultural.

Mandela recebeu inúmeros prémios e distinções internacionais, incluindo o Prémio Nobel da Paz em 1993, em reconhecimento da sua contribuição para a resolução pacífica do conflito na África do Sul. O seu legado continua a inspirar líderes e activistas de todo o mundo na luta pela justiça social e pelos direitos humanos.

# Sócrates

Foi um filósofo grego que viveu em Atenas durante o século V a.C.

*Contexto histórico e biografia:*

Sócrates nasceu por volta de 470 a.C. em Atenas, na Grécia, durante um período de florescimento cultural e político conhecido como a Idade de Ouro de Atenas. Embora não tenha deixado registos escritos, a sua filosofia e os seus ensinamentos foram transmitidos através dos escritos dos seus discípulos, especialmente de Platão.

*Vida íntima e factos divertidos:*

Quanto à sua vida íntima, Sócrates foi casado com Jântipa e teve três filhos com ela. Diz-se que o seu casamento não era convencional e que Jântipa era uma mulher temperamental. Para além disso, Sócrates teve relações próximas e duradouras com vários dos seus discípulos, incluindo Platão.

Os factos interessantes sobre Sócrates incluem o seu estilo de ensino, conhecido como o "método socrático", que se baseava em fazer perguntas e desafiar as crenças estabelecidas. É também atribuída a ele a frase "Só sei que nada sei", que reflecte a sua humildade intelectual e a sua constante procura de conhecimento.

*Principais influências e experiências da sua vida:*

Sócrates foi influenciado por vários pensadores e correntes filosóficas do seu tempo, como os sofistas e a filosofia de Heráclito e Parménides. No entanto, foi o seu encontro com o oráculo délfico e a interpretação da sua mensagem, que o designava como o homem mais sábio de Atenas, que o levou a questionar as crenças e os conhecimentos estabelecidos.

*Contribuições e realizações que tiveram impacto no mundo:*

Sócrates não deixou obras escritas, mas o seu método de investigação e a sua concentração na procura da verdade e do conhecimento tiveram um impacto significativo na filosofia ocidental. O seu estilo de ensino e a sua insistência em examinar as crenças e questionar os pressupostos lançaram as bases do pensamento crítico e da filosofia sistemática.

Para além disso, Sócrates era um defensor da ética e da virtude. Acreditava na importância da auto-reflexão e da auto-disciplina para alcançar a excelência moral. As suas discussões sobre a justiça, a virtude e a natureza do ser humano influenciaram gerações de filósofos posteriores.

### Legado e impacto duradouro:

O legado de Sócrates reside no seu enfoque na busca da verdade e da virtude, bem como no seu método de investigação. Apesar de ter sido condenado à morte por "corromper a juventude" e "não reconhecer os deuses da cidade", a sua figura e os seus ensinamentos perduraram ao longo dos séculos.

Sócrates lançou as bases para o desenvolvimento da filosofia ocidental e tem sido uma figura influente no pensamento filosófico até aos dias de hoje. Os seus ensinamentos e o seu método de investigação foram estudados e discutidos por filósofos ao longo dos séculos, e o seu foco no auto-conhecimento, na ética e na procura da verdade continua a ser relevante na filosofia contemporânea.

# Galileu Galilei

Foi um cientista italiano que viveu durante os séculos XVI e XVII.

*Contexto histórico e biografia:*

Galileu Galilei nasceu a 15 de Fevereiro de 1564 em Pisa, Itália, numa época conhecida como Renascimento. Foi contemporâneo de grandes figuras como Leonardo da Vinci e Miguel Ângelo. Galileu destacou-se como astrónomo, físico e matemático, e é considerado um dos pais da ciência moderna.

*Vida íntima e factos divertidos:*

Quanto à sua vida íntima, Galileu era celibatário e dedicava-se inteiramente aos seus estudos e à sua carreira científica. No entanto, teve três filhos ilegítimos com Marina Gamba, uma mulher veneziana com quem manteve uma relação durante muitos anos.

Entre os factos curiosos sobre Galileu conta-se a sua invenção do telescópio astronómico, com o qual fez importantes observações do céu e descobriu fenómenos como as luas de Júpiter. Também lhe é atribuída a formulação da lei da queda dos corpos e o estudo da cinemática.

*Principais influências e experiências da sua vida:*

Galileu foi influenciado pela filosofia natural da Grécia antiga, especialmente pelas ideias de Arquimedes e Copérnico. Os seus estudos e observações no domínio da astronomia e da física levaram-no a pôr em causa as crenças tradicionais e a questionar o sistema geocêntrico, que defendia que a Terra era o centro do universo.

*Contribuições e realizações que tiveram impacto no mundo:*

Galileu fez numerosas descobertas e deu contributos significativos para a ciência. As suas observações astronómicas apoiaram a teoria heliocêntrica de Copérnico, que afirmava que os planetas giravam em torno do Sol. A sua defesa desta teoria e o seu confronto com a Igreja

Católica levaram-no a ser julgado por heresia e condenado a prisão domiciliária para o resto da sua vida.

Galileu também lançou as bases do método científico moderno, promovendo a experimentação, a observação e a formulação de hipóteses como instrumentos para compreender o mundo natural. A sua abordagem da aplicação da matemática à física foi também revolucionária e abriu novas portas ao estudo dos fenómenos naturais.

***Legado e impacto duradouro:***

O legado de Galileu reside na sua contribuição para a revolução científica e na sua defesa da liberdade de pensamento e da autonomia da ciência. A sua luta para estabelecer o primado da evidência científica e da observação empírica lançou as bases do pensamento científico moderno e teve um impacto duradouro no desenvolvimento da ciência e da sociedade.

Os seus contributos incluem o aperfeiçoamento do telescópio, a observação das fases de Vénus e das luas de Júpiter e a formulação da lei da queda dos corpos. Além disso, a sua abordagem do método científico, baseada na experimentação e na observação, lançou as bases da ciência moderna e teve um impacto duradouro no desenvolvimento de disciplinas como a física e a astronomia.

O legado de Galileu vai para além das suas descobertas científicas. A sua defesa da autonomia da ciência e a sua luta pela liberdade intelectual lançaram as bases do pensamento científico moderno e da separação entre religião e ciência. A sua coragem e perseverança inspiraram gerações posteriores de cientistas e defensores da razão e do conhecimento baseado em provas.

# Henry Ford

Nascido a 30 de Julho de 1863 no condado de Wayne, Michigan, e falecido a 7 de Abril de 1947 em Dearborn, Michigan, foi um empresário americano e pioneiro da indústria automóvel.

No que respeita à sua vida pessoal, Ford casou com Clara Ford em 1888, com quem teve um filho chamado Edsel Ford. Quanto à sua vida íntima, não existem muitos pormenores, uma vez que não está amplamente documentada.

Ford viveu num contexto histórico em que a indústria e a tecnologia estavam a registar um rápido crescimento. Foi influenciado pelo desenvolvimento da tecnologia automóvel e pela crescente procura de transportes pessoais. Experimentou diferentes ideias e abordagens para melhorar a produção automóvel.

As suas contribuições e realizações mais notáveis centram-se na indústria automóvel. Ford foi o fundador da Ford Motor Company em 1903 e é-lhe atribuída a introdução da linha de montagem na produção em massa de automóveis. O seu popular modelo de automóvel, o Ford T, revolucionou a indústria e tornou-se o primeiro automóvel acessível à classe trabalhadora americana.

O legado de Henry Ford estende-se muito para além da indústria automóvel. O seu foco na produção eficiente e em massa lançou as bases para a produção em massa numa variedade de indústrias. Além disso, a sua visão de tornar os automóveis acessíveis às massas transformou a mobilidade e mudou a forma como as pessoas se deslocavam.

No entanto, Ford também tem sido criticado pelas suas posições e acções controversas, como o seu anti-semitismo e o seu apoio a movimentos políticos e sociais questionáveis.

Em suma, Henry Ford foi um empresário visionário que revolucionou a indústria automóvel e deixou um impacto duradouro na produção em massa e na mobilidade. O seu legado pode ser encontrado tanto nos negócios como na sociedade, mas também é recordado pelas suas opiniões e acções controversas.

# William Shakespeare

Foi um famoso dramaturgo e poeta inglês que viveu durante o século XVI e início do século XVII.

*Contexto histórico e biografia:*

Shakespeare nasceu em Stratford-upon-Avon, Inglaterra, em 1564. A sua época, conhecida como o Renascimento inglês, foi um período de florescimento cultural e artístico em Inglaterra. Shakespeare viveu durante o reinado da rainha Isabel I e o subsequente reinado do rei Jaime I. Foi contemporâneo de figuras como Francis Bacon e Miguel de Cervantes.

*Vida íntima e factos divertidos:*

Shakespeare casou-se com Anne Hathaway em 1582, e tiveram três filhos juntos. No entanto, sabe-se muito pouco sobre a sua vida íntima e pormenores específicos sobre a sua relação com a mulher.

Em termos de factos divertidos, Shakespeare escreveu cerca de 39 peças, incluindo tragédias, comédias, histórias e sonetos. Além disso, acredita-se que inventou cerca de 1700 palavras inglesas, muitas das quais ainda hoje são utilizadas.

*Principais influências e experiências da sua vida:*

As influências de Shakespeare foram variadas e incluíram tanto a literatura clássica, como as obras de Plutarco e Ovídio, como as tradições teatrais populares do seu tempo. A sua experiência como actor e dramaturgo na companhia de teatro Lord Chamberlain's Men também influenciou o seu estilo de escrita e a sua compreensão do drama.

*Contribuições e realizações que tiveram impacto no mundo:*

As peças de Shakespeare tiveram um impacto significativo na literatura e no teatro a nível mundial. As suas peças exploram uma vasta gama de temas universais, como o amor, a traição, a ambição e a natureza humana. As suas personagens complexas e o seu diálogo poético têm sido objecto de estudo e admiração ao longo dos séculos.

Algumas das suas peças mais conhecidas incluem "Romeu e Julieta", "Hamlet", "Macbeth", "Otelo" e "Sonho de uma Noite de Verão". A sua capacidade de captar as emoções e os conflitos humanos nas suas peças torna-o um dos mais importantes dramaturgos de todos os tempos.

### Legado e impacto duradouro:

O legado de Shakespeare mantém-se vivo até aos dias de hoje. As suas peças continuam a ser representadas em teatros de todo o mundo e foram adaptadas a várias formas de arte, como o cinema e a televisão. As suas personagens e frases icónicas deixaram uma marca indelével na cultura popular. Para além disso, Shakespeare influenciou muitos escritores e artistas posteriores. O seu estilo literário, o domínio da linguagem e a exploração de temas universais inspiraram gerações de escritores e deixaram uma marca indelével na literatura e no teatro.

# Thomas Edison

Nascido a 11 de Fevereiro de 1847 em Milan, Ohio, e falecido a 18 de Outubro de 1931 em West Orange, Nova Jersey, foi um inventor e empresário americano conhecido pelas suas numerosas invenções e contribuições no domínio da electricidade e da iluminação.

Quanto à sua vida pessoal, Edison casou-se duas vezes. A sua primeira mulher foi Mary Stilwell, com quem teve três filhos, mas infelizmente ela morreu em 1884. Mais tarde, Edison casou-se com Mina Miller, com quem teve mais três filhos.

Edison viveu num contexto histórico marcado pela Revolução Industrial e pelos avanços tecnológicos. O seu interesse pela ciência e pela experimentação foi evidente desde muito cedo. Durante a sua vida, Edison obteve mais de mil patentes, o que faz dele um dos inventores mais prolíficos da história.

Entre as suas invenções mais notáveis contam-se a lâmpada incandescente, o fonógrafo e o sistema de distribuição de energia eléctrica por corrente contínua. Estas invenções tiveram um impacto significativo no mundo, melhorando a iluminação doméstica, revolucionando a indústria musical e proporcionando uma fonte de energia mais eficiente e económica.

O legado de Thomas Edison manifesta-se na forma como a electricidade e a iluminação transformaram as nossas vidas. Os seus contributos lançaram as bases para o desenvolvimento da indústria eléctrica e da tecnologia moderna. Além disso, Edison criou o conceito de laboratórios de investigação e desenvolvimento, estabelecendo um modelo para a inovação tecnológica.

É importante referir que a figura de Edison também tem sido objecto de debate e controvérsia. Algumas das suas práticas comerciais e a sua relação com outros inventores têm sido questionadas. O papel de outros inventores, como Nikola Tesla, no desenvolvimento de certas invenções atribuídas a Edison também tem sido discutido.

Em suma, Thomas Edison foi um inventor e empresário cujas invenções no domínio da electricidade e da iluminação tiveram um impacto duradouro no mundo. O seu legado reside na forma como a electricidade transformou a sociedade moderna. Embora a sua figura seja reconhecida, o seu papel e algumas das suas práticas foram também objecto de debate e discussão.

# Napoleão Bonaparte

Foi um importante líder militar e político francês que desempenhou um papel crucial na história europeia.

*Contexto histórico e biografia:*

Napoleão Bonaparte nasceu a 15 de Agosto de 1769 na Córsega, uma ilha mediterrânica que fazia então parte do Reino de França. Na sua juventude, destacou-se na educação militar e juntou-se ao exército francês durante a Revolução Francesa. Aproveitando as oportunidades que surgiram durante este período de convulsão política e militar, Napoleão subiu rapidamente na hierarquia do exército e tornou-se um líder proeminente.

*Vida íntima e factos divertidos:*

Napoleão casou-se várias vezes. A sua mulher mais famosa foi Josefina de Beauharnais, com quem casou em 1796. No entanto, o seu casamento deparou-se com dificuldades e acabaram por se divorciar em 1809. Napoleão casou-se então com Maria Luísa da Áustria em 1810 e teve um filho com ela, que se tornou Rei de Roma.

*Principais influências e experiências da sua vida:*

Napoleão foi influenciado pelas ideias da Revolução Francesa e tornou-se um defensor do republicanismo. A sua carreira militar e as vitórias no campo de batalha trouxeram-lhe fama e poder. A sua experiência na guerra dotou-o de competências estratégicas e tácticas que lhe permitiram expandir o seu império e exercer um domínio político sobre grande parte da Europa.

*Contribuições e realizações que tiveram impacto no mundo:*

Durante o seu reinado, Napoleão fez inúmeras contribuições e realizações significativas. Alguns dos mais notáveis incluem:

O Código Napoleónico: Introduziu um sistema jurídico unificado e moderno, conhecido como Código Civil Napoleónico, que lançou as bases dos sistemas jurídicos modernos em muitos países.

Expansão do Império Francês: Napoleão liderou uma série de campanhas militares bem sucedidas que levaram à expansão do Império Francês e à incorporação de vários territórios sob o seu domínio.

Modernização da administração: implementou reformas administrativas em França e nos territórios conquistados, melhorando a eficácia e a centralização do governo.

Promoção da educação e da cultura: promoveu o ensino público, fundou numerosas escolas e academias e apoiou as artes e as ciências.

***Legado e impacto duradouro:***

O legado de Napoleão é complexo e controverso. Por um lado, as suas conquistas e reformas modernizaram e transformaram a Europa em muitos aspectos. No entanto, a sua ambição imperial e o seu estilo de liderança autoritário conduziram também a guerras e conflitos maciços que causaram sofrimento humano e a perda de inúmeras vidas.

# Charles Darwin

Foi um importante cientista inglês conhecido pelas suas contribuições revolucionárias para o domínio da biologia e para a teoria da evolução.

*Contexto histórico e biografia:*

Charles Darwin nasceu a 12 de Fevereiro de 1809, em Inglaterra. Viveu numa época de grande avanço científico e social, conhecida como a Era Vitoriana. Estudou medicina e teologia, mas a sua paixão pela história natural levou-o a embarcar numa viagem de exploração no HMS Beagle. Durante esta viagem de cinco anos à volta do mundo, Darwin fez observações e recolheu dados que viriam a lançar as bases das suas ideias sobre a evolução.

*Vida íntima e factos divertidos:*

Charles Darwin casou-se com Emma Wedgwood em 1839, e juntos tiveram dez filhos. Darwin era conhecido por ser um homem de família dedicado e preocupava-se profundamente com o bem-estar da sua mulher e dos seus filhos. Também sofria de problemas de saúde crónicos e passou grande parte da sua vida a tratar de várias doenças.

*Principais influências e experiências da sua vida:*

A principal influência na vida de Darwin foi a sua viagem a bordo do HMS Beagle. Durante esta expedição, visitou várias regiões do mundo, observou a diversidade das espécies e interessou-se pela geologia e pela história natural. As observações que fez durante a viagem e os estudos subsequentes que efectuou com base nas suas descobertas foram fundamentais para o desenvolvimento da sua teoria da evolução.

*Contribuições e realizações que tiveram impacto no mundo:*

A realização mais notável de Darwin foi a formulação da teoria da evolução através da selecção natural. A sua obra mais influente, "A Origem das Espécies", publicada em 1859, apresentou a sua teoria de que todas as espécies evoluem ao longo do tempo através de um processo de selecção natural, em que os organismos com características vantajosas têm mais probabilidades de sobreviver e de se reproduzir.

***Legado e impacto duradouro:***

A teoria da evolução de Darwin teve um impacto significativo na ciência e na compreensão da vida na Terra. O seu trabalho pôs em causa as ideias tradicionais sobre a criação divina e lançou as bases da biologia moderna. O darwinismo, como é vulgarmente conhecida a sua teoria, influenciou uma vasta gama de disciplinas, incluindo a biologia, a genética, a antropologia e a psicologia evolutiva. O legado de Darwin teve também implicações sociais e culturais. Gerou debates sobre a relação entre ciência e religião, bem como sobre questões éticas e morais relacionadas com a vida e a diversidade das espécies. O seu enfoque nas provas científicas, na observação e na experimentação criou um precedente importante para a investigação científica em geral.

# Adolf Hitler

Foi um político alemão que liderou o partido nazi e desempenhou um papel central no início e desenvolvimento da Segunda Guerra Mundial. Embora possa fornecer informações sobre o seu contexto histórico, a sua biografia e alguns aspectos da sua vida pessoal, é importante notar que falar da sua vida íntima e de factos divertidos pode ser ofensivo devido aos crimes horríveis e às atrocidades cometidas durante o seu regime. Por conseguinte, concentrar-me-ei em fornecer factos objectivos sobre a sua vida e o seu legado:

### Contexto histórico e biografia:

Adolf Hitler nasceu a 20 de Abril de 1889 em Braunau am Inn, na Áustria. Ainda jovem, mudou-se para a Alemanha e aderiu ao Partido dos Trabalhadores Alemães, que mais tarde se tornaria o Partido Nacional Socialista dos Trabalhadores Alemães (nazi). Hitler tornou-se líder do partido em 1920 e rapidamente consolidou o seu poder e liderança na Alemanha da época.

### Vida íntima e factos divertidos:

Hitler teve um breve casamento com Eva Braun, que foi sua companheira durante vários anos. O casal casou-se num bunker em Berlim, a 29 de Abril de 1945, pouco antes de ambos se suicidarem. Em termos de curiosidades, é importante ter em conta que a discussão de aspectos triviais da vida de Hitler pode minimizar a gravidade das suas acções e do sofrimento causado pelo seu regime.

### Principais influências e experiências da sua vida:

Hitler foi profundamente influenciado pela ideologia anti-semita, pelo nacionalismo extremo e pelo darwinismo social, entre outros elementos. A sua passagem por Viena, onde se interessou por política e ideias radicais, bem como a sua experiência durante a Primeira Guerra Mundial, influenciaram a sua visão do mundo e o seu desejo de restaurar a grandeza da Alemanha.

### Contribuições e realizações que tiveram impacto no mundo:

O impacto de Hitler no mundo foi devastador. Sob a sua liderança, a Alemanha desencadeou a Segunda Guerra Mundial, que resultou na morte de milhões de pessoas e na destruição maciça de cidades e nações. Além disso, Hitler foi responsável pelo Holocausto, o genocídio sistemático e a perseguição de milhões de judeus e outros grupos considerados "indesejáveis" pelo regime nazi.

***Legado e impacto duradouro:***

O legado de Hitler é um dos episódios mais negros da história moderna. O seu regime nazi e as suas políticas racistas e totalitárias deixaram uma marca indelével no mundo. As atrocidades cometidas durante o seu regime servem para recordar os perigos do fanatismo, da intolerância e do abuso de poder. O Holocausto e a Segunda Guerra Mundial tiveram um impacto duradouro na consciência mundial e conduziram a uma maior atenção aos direitos humanos e à prevenção de atrocidades no mundo actual.

# Mao Zedong

Foi um revolucionário e líder político chinês que desempenhou um papel fundamental na fundação da República Popular da China e na formação do seu governo comunista. A seguir, apresento-lhe informações sobre o seu contexto histórico e biografia, algumas das principais influências na sua vida, os seus contributos e realizações, bem como o seu legado e impacto duradouro. No entanto, note-se que a discussão da sua vida íntima e de aspectos triviais pode ser limitada devido à disponibilidade de informações e à complexidade do seu regime:

### Contexto histórico e biografia:

Mao Zedong nasceu a 26 de Dezembro de 1893 em Shaoshan, na China. Viveu numa época de grande agitação política e social, marcada pela queda da dinastia Qing e pela luta pelo poder na China. Mao envolveu-se desde cedo em actividades revolucionárias e tornou-se um dos líderes do Partido Comunista da China.

### Vida íntima e factos divertidos:

Mao Zedong casou-se várias vezes durante a sua vida. A sua mulher mais conhecida foi Jiang Qing, que também desempenhou um papel importante durante a Revolução Cultural. Em termos de curiosidades, Mao era conhecido por ser um ávido nadador e gostava de poesia e de ler.

### Principais influências e experiências da sua vida:

Mao Zedong foi influenciado por uma variedade de ideias e experiências ao longo da sua vida. Inspirou-se no comunismo e na luta de classes promovida por Karl Marx, bem como nas teorias revolucionárias de Vladimir Lenine. Para além disso, as experiências de Mao durante a luta revolucionária e a Guerra Civil Chinesa moldaram a sua ideologia e abordagem política.

### Contribuições e realizações que tiveram impacto no mundo:

Mao Zedong liderou a Revolução Chinesa e estabeleceu a República Popular da China em 1949. Sob a sua liderança, foram implementadas políticas radicais como a colectivização da agricultura e a industrialização acelerada. No entanto, foi também associado à Grande Fome Chinesa, que causou a morte de milhões de pessoas. Além disso, Mao levou a cabo a Revolução Cultural, um movimento que teve um enorme impacto na sociedade chinesa e causou grande instabilidade.

***Legado e impacto duradouro:***

O legado de Mao Zedong é complexo e objecto de debate. É considerado simultaneamente um líder revolucionário e patriótico e um ditador, responsável por graves violações dos direitos humanos. O seu regime teve um impacto duradouro na China e na política mundial. Mao criou um sistema político baseado no maoísmo e lançou as bases do socialismo chinês. No entanto, a sua liderança foi também objecto de críticas e controvérsia devido aos excessos e às consequências negativas de algumas das suas políticas.

# Genghis Khan

O seu verdadeiro nome era Temujin, foi um líder militar e fundador do Império Mongol no século XIII. Em seguida, apresento-lhe informações sobre o seu contexto histórico e biografia, algumas das principais influências na sua vida, os seus contributos e realizações, bem como o seu legado e impacto duradouro.

*Contexto histórico e biografia:*

Genghis Khan nasceu em 1162 nas estepes da Mongólia. Nessa altura, as tribos mongóis estavam fragmentadas e em constante conflito. Genghis Khan conseguiu unificar as tribos sob a sua liderança e fundou o Império Mongol, que se expandiu desde a Ásia Central até à Europa Oriental e à Ásia Oriental.

*Vida íntima e factos divertidos:*

As informações específicas sobre a vida íntima de Genghis Khan são escassas. Sabe-se que teve várias esposas e concubinas e que lhe é atribuído um grande número de descendentes. No entanto, os pormenores exactos sobre a sua vida pessoal e as suas relações são difíceis de determinar com precisão.

*Principais influências e experiências da sua vida:*

Genghis Khan foi influenciado pela cultura nómada e pelas tradições das estepes mongóis. Durante a sua juventude, aprendeu valiosas capacidades de liderança e de estratégia e testemunhou os conflitos e as rivalidades entre as tribos. Estas experiências levaram-no a procurar a unificação das tribos mongóis sob a sua liderança.

*Contribuições e realizações que tiveram impacto no mundo:*

Genghis Khan liderou uma série de campanhas militares bem sucedidas que resultaram na criação do vasto Império Mongol. O seu exército era conhecido pela sua velocidade, organização e tácticas inovadoras. O império estabelecido sob a sua liderança tornou-se um dos maiores da história e o seu legado estendeu-se por séculos.

*Legado e impacto duradouro:*

O legado de Genghis Khan é complexo. Por um lado, o seu império promoveu o comércio, a comunicação e o intercâmbio cultural na Eurásia. Para além disso, implementou políticas que promoveram a paz e a estabilidade nas regiões conquistadas. No entanto, também lhe são atribuídas a destruição e a violência associadas às conquistas do Império Mongol.

A nível cultural, o império de Genghis Khan teve influência na divulgação da cultura mongol e na promoção de intercâmbios culturais através das rotas comerciais. Além disso, o seu impacto militar e político lançou as bases de impérios posteriores na Eurásia.

É importante ter em conta que as conquistas de Gengis Khan tiveram um custo humano significativo e causaram devastação em muitas regiões. No entanto, a sua liderança e o seu legado deixaram uma marca duradoura na história mundial e na forma como as culturas interagiram e se desenvolveram na Eurásia.

# Nikola Tesla

Foi um inventor, engenheiro eléctrico e cientista nascido na Sérvia, que viveu no século XIX e início do século XX.

### Contexto histórico e biografia:

Nikola Tesla nasceu a 10 de Julho de 1856 no Império Austríaco, que corresponde actualmente à Croácia moderna. Durante a sua vida, assistiu a importantes avanços científicos e tecnológicos, como a invenção da electricidade e a expansão da indústria eléctrica.

### Vida íntima e factos divertidos:

Tesla dedicou grande parte da sua vida ao trabalho e à investigação científica, pelo que pouco se sabe sobre a sua vida íntima. Não há registo conhecido de que tenha tido uma mulher ou uma vida amorosa proeminente. Tesla parece ter levado uma vida austera e concentrada no seu trabalho.

### Principais influências e experiências da sua vida:

Tesla foi influenciado por inventores e cientistas do seu tempo, como Thomas Edison e Heinrich Hertz. Teve também uma vasta formação científica e técnica, o que lhe permitiu explorar várias áreas da ciência e desenvolver a sua própria abordagem inovadora no domínio da electricidade.

### Contribuições e realizações que tiveram impacto no mundo:

Tesla é conhecido pelas suas numerosas contribuições e invenções no domínio da electricidade e da engenharia eléctrica. Alguns dos seus feitos mais notáveis incluem o desenvolvimento da corrente alternada (CA), a invenção do motor de indução CA e a construção da primeira central hidroeléctrica nas Cataratas do Niágara. As suas invenções lançaram as bases para o desenvolvimento de sistemas de produção e distribuição de energia eléctrica em grande escala.

### Legado e impacto duradouro:

O legado de Tesla é significativo no domínio da ciência e da tecnologia. Os seus contributos para a electricidade e a engenharia eléctrica revolucionaram a forma como a energia eléctrica era gerada e transmitida e lançaram as bases para o desenvolvimento da sociedade industrial moderna. A sua ênfase na corrente alternada foi fundamental no domínio da transmissão de energia eléctrica a longa distância.

Embora Tesla não tenha tido durante a sua vida o reconhecimento e o sucesso financeiro que outros inventores do seu tempo alcançaram, o seu legado tem sido reconhecido e valorizado nas décadas que se seguiram à sua morte. O seu nome está associado ao génio científico e o seu trabalho continua a inspirar cientistas, inventores e tecnólogos em todo o mundo. O prémio internacional de engenharia eléctrica, o "Nikola Tesla Award", foi criado em sua honra e o seu nome continua a ser sinónimo de inovação e progresso na indústria eléctrica.

# Bill Gates

William Henry Gates III, cujo nome completo é William Henry Gates III, é um empresário, filantropo e magnata americano. A seguir, apresento-lhe informações sobre os seus antecedentes históricos e biografia, as principais influências na sua vida, as suas contribuições e realizações, bem como o seu legado e impacto duradouro. No entanto, note-se que as informações sobre a sua vida íntima podem ser limitadas devido à privacidade do indivíduo:

*Contexto histórico e biografia:*

Bill Gates nasceu a 28 de Outubro de 1955 em Seattle, Washington, EUA. Cresceu no seio de uma família de classe média e desde cedo mostrou interesse pela tecnologia e pelos computadores. Gates frequentou a Universidade de Harvard, onde conheceu Paul Allen, com quem mais tarde co-fundou a Microsoft.

*Vida íntima:*

Bill Gates casou-se com Melinda French em 1994. Tiveram três filhos juntos. No entanto, em Maio de 2021, anunciaram o divórcio após 27 anos de casamento.

*Principais influências e experiências da sua vida:*

Gates foi influenciado pela sua paixão pela tecnologia e pela programação desde tenra idade. O seu encontro com Paul Allen na Universidade de Harvard foi fundamental para a sua posterior colaboração na criação da Microsoft. Gates foi também influenciado pela relação com a sua mãe, que o encorajou a seguir os seus interesses e a perseguir os seus sonhos.

*Contribuições e realizações que tiveram impacto no mundo:*

Bill Gates é mais conhecido como um dos fundadores da Microsoft, uma das empresas de software mais influentes do mundo. Sob a sua liderança, a Microsoft desenvolveu o sistema operativo Windows, que se tornou uma das plataformas mais utilizadas para computadores pessoais. Gates também fez contribuições significativas para a filantropia através da Fundação Bill e Melinda Gates, que se dedica a tratar de questões globais como a pobreza, a saúde e a educação.

O legado de Bill Gates é significativo no sector da tecnologia e no domínio da filantropia. A sua visão empresarial e liderança na Microsoft contribuíram para o avanço da computação pessoal e lançaram as bases para o desenvolvimento da indústria tecnológica moderna. Para além disso, a sua dedicação à filantropia teve um impacto global na melhoria da saúde, da educação e das condições de vida dos mais necessitados.

Gates é reconhecido como um dos empresários mais bem sucedidos e um dos filantropos mais influentes do mundo. A sua preocupação em utilizar a tecnologia e os recursos para enfrentar os desafios globais deixou um legado duradouro e continua a inspirar outros líderes empresariais e filantropos a seguirem o seu exemplo.

# Platão

O seu verdadeiro nome era Arístocles, um filósofo grego nascido por volta de 427 a.C. em Atenas, Grécia. É considerado um dos pensadores mais influentes da história ocidental e um dos discípulos mais proeminentes de Sócrates.

Não são conhecidos muitos pormenores específicos sobre a vida íntima e as relações pessoais de Platão, uma vez que a informação histórica disponível se centra principalmente nos seus ensinamentos e escritos filosóficos.

Factos curiosos sobre Platão incluem o seu envolvimento na Guerra do Peloponeso e a sua relação próxima com Sócrates, que considerava seu professor e cuja morte teve um impacto significativo na sua vida e filosofia.

*Principais influências e experiências da sua vida:*

A principal influência na vida de Platão foi o seu professor Sócrates, cujos métodos filosóficos e abordagem à procura da verdade tiveram um profundo impacto no seu pensamento. Outro aspecto importante da sua vida foi a sua viagem ao Egipto, onde se crê que entrou em contacto com os ensinamentos dos sacerdotes egípcios e se familiarizou com a filosofia e as ciências dessa cultura.

*Contribuições e realizações que tiveram impacto no mundo:*

Platão fundou a Academia de Atenas, uma das mais importantes instituições de ensino da Antiguidade, onde foram educados muitos dos principais filósofos e pensadores. Os seus diálogos filosóficos, escritos sob a forma de conversas entre personagens, exploram uma vasta gama de temas, incluindo a ética, a política, a metafísica e a epistemologia. A sua obra mais famosa é "A República", onde apresenta a sua visão ideal de um Estado justo e a teoria das ideias.

*Legado e impacto duradouro:*

O legado de Platão reside na sua abordagem filosófica e na sua contribuição para o desenvolvimento do pensamento ocidental. As suas ideias sobre a realidade, a moral e a justiça tiveram uma influência duradoura na filosofia, na política, na teologia e noutras disciplinas. Além disso, o seu método de diálogo e a sua busca da verdade têm sido uma fonte de inspiração para gerações de pensadores e académicos.

Platão também lançou as bases para o estudo sistemático da filosofia, estabelecendo a importância da razão e da análise crítica. A sua obra influenciou numerosos filósofos e pensadores ao longo da história e o seu impacto estende-se até aos dias de hoje.

# William Shakespeare

Considerado um dos escritores mais influentes da literatura mundial, viveu nos séculos XVI e XVII, durante o período conhecido como Renascimento Inglês. Nasceu em Stratford-upon-Avon, Inglaterra, em Abril de 1564 e morreu em 23 de Abril de 1616.

Quanto à sua vida pessoal, Shakespeare casou-se com Anne Hathaway em 1582 e tiveram três filhos juntos. Não se conhecem muitos pormenores íntimos da sua vida, pois a informação disponível é limitada. Quanto à sua orientação sexual, não existem registos conclusivos que indiquem a sua preferência sexual.

Um facto curioso sobre Shakespeare é que lhe são atribuídas peças de vários géneros, como tragédias, comédias, peças históricas e sonetos. Para além disso, acredita-se que contribuiu para a expansão do vocabulário inglês, uma vez que lhe é atribuída a criação de novas palavras e frases.

As principais influências e experiências na vida de Shakespeare são objecto de especulação, uma vez que não existe uma biografia detalhada. No entanto, pensa-se que terá tido acesso a uma educação básica na sua juventude e que terá viajado para Londres para se envolver no mundo do teatro e da escrita.

As contribuições e realizações de Shakespeare na literatura e no teatro são enormes. É o autor de peças icónicas como "Romeu e Julieta", "Hamlet", "Macbeth" e "Rei Lear", entre muitas outras. As suas peças foram traduzidas para inúmeras línguas e continuam a ser representadas em teatros de todo o mundo. Shakespeare revolucionou o teatro da sua época ao introduzir personagens complexas, enredos elaborados e linguagem poética.

O legado e o impacto duradouro de Shakespeare são inegáveis. As suas peças continuam a ser estudadas e representadas actualmente, e a sua influência na literatura, no teatro e na cultura é incalculável. As suas personagens, como Romeu, Julieta, Hamlet e Lady Macbeth, tornaram-se arquétipos e figuras icónicas na história do teatro.

Shakespeare é considerado uma das mentes literárias mais brilhantes de todos os tempos e o seu legado perdura como parte integrante da cultura ocidental.

# Alexander Graham Bell

Nascido em 3 de Março de 1847 em Edimburgo, Escócia, e falecido em 2 de Agosto de 1922 em Baddeck, Nova Escócia, foi um cientista, inventor e educador mais conhecido pela invenção do telefone.

Quanto à sua vida pessoal, Bell casou-se com Mabel Hubbard em 1877, com quem teve quatro filhos. Quanto à sua vida íntima, não há muitos pormenores disponíveis sobre a sua vida sexual, uma vez que não está amplamente documentada.

Um facto curioso sobre Bell é que, para além da sua invenção do telefone, também esteve envolvido noutros campos, como a fonética e a aviação. Foi membro fundador da National Geographic Society em 1888 e desempenhou um papel fundamental no desenvolvimento da aviação, trabalhando na concepção de aviões e no aperfeiçoamento de motores aeronáuticos.

As principais influências e experiências na vida de Alexander Graham Bell incluem o seu interesse pela comunicação e pelo som desde tenra idade, bem como o seu trabalho com a fala e a surdez. A sua mãe e a sua mulher, ambas surdas, influenciaram a sua dedicação à invenção de aparelhos que ajudassem os deficientes auditivos.

O feito mais notável de Bell foi a invenção do telefone, patenteada em 1876. O seu trabalho revolucionou a comunicação a longa distância, tornando possível a transmissão da voz humana através de fios. Esta invenção teve um impacto significativo no mundo, transformando a forma como as pessoas comunicavam e abrindo novas possibilidades para o comércio, a educação e as relações sociais.

O legado de Alexander Graham Bell é inegável. Para além do telefone, as suas contribuições incluem também avanços em áreas como a telegrafia, a aviação, a educação de deficientes auditivos e a tecnologia do som. O seu trabalho lançou as bases para o desenvolvimento das comunicações modernas e a sua influência na tecnologia e na sociedade perdura até aos dias de hoje.

# Joseph Stalin

(1878-1953) foi um político e líder soviético que governou a União Soviética com mão de ferro durante grande parte do século XX.

*Contexto histórico:*

Estaline viveu numa época marcada por importantes acontecimentos históricos, como a Revolução Russa de 1917 e a Segunda Guerra Mundial. Nasceu a 18 de Dezembro de 1878 em Gori, na Geórgia, que na altura fazia parte do Império Russo. A sua vida e carreira política decorreram durante um período de intensa agitação social e política na Rússia.

*Biografia:*

Estaline nasceu Iosif Vissarionovich Dzhugashvili. Ingressou no Partido Comunista da União Soviética e tornou-se um dos mais destacados dirigentes do partido. Estaline exerceu um controlo autoritário e totalitário sobre o país durante o seu mandato como Secretário-Geral do partido e, mais tarde, como líder da União Soviética.

*Vida íntima:*

Estaline casou-se duas vezes. A sua primeira mulher, Ekaterina Svanidze, morreu em 1907. Mais tarde, casou-se com Nadezhda Alliluyeva, com quem teve dois filhos. No entanto, a sua relação conjugal era tensa e Nadezhda suicidou-se em 1932. Pouco se sabe sobre a vida íntima de Estaline, uma vez que era uma figura muito reservada e a sua privacidade era muito bem guardada.

*Factos divertidos:*

Estaline adoptou o apelido "Stalin", que significa "homem de aço", como nome revolucionário.

Era conhecido pela sua personalidade implacável e pela sua capacidade de eliminar os seus opositores políticos através de purgas e execuções.

Estaline era um grande fumador e era frequentemente visto com um cigarro na mão.

Tinha um fascínio pelo cinema e gostava dos filmes de Hollywood.

***Principais influências e experiências:***

Estaline foi influenciado pelo pensamento marxista-leninista, bem como pela Revolução de Outubro de 1917, na qual desempenhou um papel importante. Além disso, o tempo que passou na prisão e o seu envolvimento em actividades revolucionárias contribuíram para a sua formação política e para a sua determinação em alcançar o poder.

***Contribuições e realizações:***

Consolidou o seu poder e estabeleceu um regime totalitário na União Soviética.

Implementou políticas de colectivização agrária, que levaram à eliminação das explorações privadas e à formação de explorações colectivas.

Liderou a industrialização acelerada da União Soviética, transformando o país numa potência industrial.

Desempenhou um papel fundamental na vitória da União Soviética na Segunda Guerra Mundial e na expansão do território soviético.

# Cleópatra

(69 a.C. - 30 a.C.) foi uma rainha de origem egípcia que governou o antigo Egipto e desempenhou um papel crucial nos acontecimentos da época. Em seguida, apresento-lhe informações relevantes sobre o seu contexto histórico, biografia, vida pessoal, influências, contributos e legado:

### Contexto histórico:

Cleópatra viveu durante o período helenístico, uma época em que o Egipto estava sob a influência da cultura e do domínio greco-macedónio. Durante o seu reinado, o Egipto encontrava-se ameaçado pelo poderoso Império Romano e envolvido em lutas internas pelo controlo do trono.

### Biografia:

Cleópatra nasceu em 69 a.C. em Alexandria, no Egipto, e pertencia à dinastia ptolemaica, descendente de Ptolomeu I, um dos generais de Alexandre Magno. Tornou-se rainha aos 18 anos de idade e reinou ao lado do seu irmão Ptolomeu XIII. Ao longo da sua vida, Cleópatra manteve relações políticas e românticas com importantes líderes romanos, como Júlio César e Marco António.

### Vida íntima:

Cleópatra casou-se com o seu irmão Ptolomeu XIII, como era comum na dinastia ptolomaica, mas a sua relação foi tensa e marcada por lutas pelo poder. Teve uma relação duradoura com Júlio César, com quem teve um filho chamado Cesário. Após a morte de César, Cleópatra retomou o namoro com Marco António e tiveram três filhos juntos. Cleópatra e Marco António suicidaram-se em 30 a.C., depois de terem sido derrotados por Octávio, o futuro imperador Augusto.

### Factos divertidos:

Cleópatra falava várias línguas, incluindo o egípcio, o grego e o latim.

Era conhecida pela sua beleza e pela sua capacidade de seduzir homens poderosos.

É-lhe atribuída a utilização de técnicas de maquilhagem elaboradas e de perfumes para aumentar a sua atractividade.

Cleópatra era uma política e diplomata astuta, que usava o seu charme e as suas capacidades para manter o poder num contexto político volátil.

***Principais influências e experiências:***

Cleópatra foi influenciada pela cultura grega e pelo legado de Alexandre, o Grande, bem como pelas tensões políticas e militares no Mediterrâneo oriental. As suas experiências incluíram a luta pelo trono egípcio, as alianças políticas e as relações com os líderes romanos.

***Contribuições e realizações:***

Cleópatra foi uma governante inteligente e astuta que manteve o controlo do trono egípcio durante várias décadas, numa época de crescente influência romana.

Desempenhou um papel fundamental na política e na diplomacia do seu tempo, forjando alianças e tratados para manter a independência do Egipto.

A sua relação com líderes romanos influentes, como Júlio César e Marco António, permitiu-lhe exercer influência nos assuntos políticos e militares do mundo.

# Karl Marx

Foi um filósofo, economista, sociólogo e revolucionário alemão, mais conhecido como o autor de "O Manifesto Comunista" e "Das Kapital".

### Contexto histórico e biografia:

Karl Marx nasceu a 5 de Maio de 1818 em Trier, na actual Alemanha. Viveu numa época de mudanças e convulsões sociais, marcada pela Revolução Industrial e pela ascensão do capitalismo. Desde muito cedo, Marx interessou-se pela filosofia, política e economia, tornando-se um crítico feroz do sistema capitalista e um defensor do socialismo.

### Esposa e vida íntima:

Marx casou-se com Jenny von Westphalen em 1843 e tiveram sete filhos juntos. Jenny foi uma companheira leal e apoiou activamente o trabalho intelectual de Marx. Embora a família Marx tenha enfrentado dificuldades económicas durante grande parte da sua vida, Jenny foi uma presença constante e solidária para Karl.

### Factos divertidos:

Marx viveu grande parte da sua vida no exílio devido às suas actividades políticas. Passou vários anos em Paris e Bruxelas antes de se estabelecer em Londres, onde viveu até à sua morte, em 1883. Durante a sua vida, Marx passou por dificuldades financeiras e dependeu fortemente do apoio financeiro do seu amigo e colaborador, Friedrich Engels.

### Principais influências e experiências da sua vida:

As ideias de Marx foram influenciadas por filósofos como Georg Wilhelm Friedrich Hegel e Ludwig Feuerbach, bem como pelos movimentos operários e socialistas do seu tempo. Interessou-se também pelo estudo do materialismo histórico e da economia política, que influenciaram a sua abordagem crítica do capitalismo e a sua visão de uma sociedade comunista.

### Contribuições e realizações que tiveram impacto no mundo:

Marx é conhecido pela sua teoria do materialismo histórico e pela sua análise crítica do capitalismo. As suas obras, como "O Manifesto Comunista" e "O Capital", influenciaram o pensamento político e económico e foram fundamentais para o desenvolvimento do movimento comunista e socialista em todo o mundo.

### Legado e impacto duradouro:

O legado de Marx teve um impacto profundo na política, na economia e na sociedade em geral. As suas ideias influenciaram numerosos movimentos sociais e políticos ao longo do século XX e continuam a ser objecto de estudo e debate nos dias de hoje. O marxismo e o socialismo científico baseado nas suas ideias tiveram um impacto duradouro em diferentes países e na luta pela justiça social, igualdade e emancipação dos trabalhadores.

Como referi anteriormente, o legado de Marx tem sido objecto de interpretação e crítica ao longo do tempo. Alguns críticos argumentam que as suas ideias conduziram a regimes totalitários e repressivos no século XX, enquanto outros defendem a sua visão da igualdade social e a crítica do sistema capitalista.

Apesar das diversas interpretações, o impacto de Marx na teoria política e económica tem sido inegável. As suas análises das contradições inerentes ao capitalismo, como a exploração dos trabalhadores e as desigualdades sociais, deram origem a importantes debates e influenciaram a evolução da economia e das políticas sociais em muitos países.

Além disso, a abordagem marxista influenciou a sociologia, a antropologia e outros domínios das ciências sociais, ajudando a compreender a dinâmica social, as relações de poder e as estruturas económicas. As suas contribuições teóricas foram estudadas e criticadas por académicos e inspiraram movimentos de trabalhadores, sindicatos e lutas pela justiça social em todo o mundo. Em suma, Karl Marx deixou um legado intelectual e político que teve um impacto profundo na teoria económica, política e social.

# Nicolau Copérnico

(1473-1543) foi um astrónomo e matemático polaco que formulou a teoria heliocêntrica do sistema solar, que revolucionou a nossa compreensão do universo.

### Contexto histórico:

Copérnico viveu numa época conhecida como Renascimento, um período de grandes avanços científicos e culturais. Nasceu a 19 de Fevereiro de 1473 em Thorn, na Prússia, que na altura fazia parte do Reino da Polónia. A sua obra foi realizada numa época de transição entre a concepção geocêntrica tradicional do universo e a revolução científica que se avizinhava.

### Biografia:

Copérnico estudou matemática e astronomia nas universidades de Cracóvia, Bolonha e Pádua. Ao longo da sua vida, trabalhou como clérigo, médico e administrador de propriedades eclesiásticas. Passou a maior parte da sua vida na cidade de Frombork, na Polónia, onde realizou as suas pesquisas astronómicas.

### Vida íntima:

Não se sabe muito sobre a vida pessoal de Copérnico, pois era um homem reservado. Não casou nem teve filhos. Como clérigo católico, estava comprometido com o celibato.

### Factos divertidos:

Copérnico era um poliglota e falava várias línguas, incluindo polaco, latim, alemão, italiano e grego.

Para além dos seus contributos para a astronomia, estudou também medicina, economia e teologia. Copérnico era um músico habilidoso e tocava órgão.

### Principais influências e experiências:

As principais influências na vida de Copérnico foram os trabalhos de astrónomos gregos antigos, como Aristarco de Samos, bem como os desenvolvimentos científicos e as discussões académicas do seu tempo. As observações astronómicas de Copérnico e o seu interesse pela resolução de problemas matemáticos e astronómicos essenciais foram fundamentais para o desenvolvimento da sua teoria heliocêntrica.

***Contribuições e realizações:***

A principal contribuição de Copérnico foi a formulação e publicação da teoria heliocêntrica, que postulava que a Terra girava em torno do Sol em vez de ser o centro do universo. A sua obra mais famosa, "De revolutionibus orbium coelestium" ("Sobre as Revoluções das Esferas Celestes"), foi publicada em 1543, pouco antes da sua morte.

A sua teoria pôs em causa a visão geocêntrica do universo e lançou as bases da astronomia moderna, propondo um modelo matemático mais preciso e coerente.

Copérnico desenvolveu métodos e técnicas matemáticas inovadoras para calcular as posições e os movimentos dos planetas, lançando as bases para o desenvolvimento posterior do cálculo e da mecânica celeste.

# Cristóvão Colombo

O seu nome completo era Cristoforo Colombo, um navegador e explorador genovês mais conhecido pela sua viagem transatlântica em 1492, que resultou na descoberta da América pela Europa.

*Contexto histórico:*

Cristóvão Colombo viveu durante o Renascimento, um período de grandes avanços intelectuais e descobertas científicas na Europa.

O contexto histórico foi marcado pela expansão marítima e pelo desejo de encontrar novas rotas comerciais para a Ásia.

*Biografia:*

Colombo nasceu em Génova, Itália, por volta de 1451. Pertencia a uma família de comerciantes.

Começou a sua carreira como marinheiro e adquiriu experiência na navegação e no comércio marítimo.

Convencido de que poderia chegar à Ásia navegando para oeste, procurou apoio financeiro para a sua expedição e acabou por obter o apoio dos Reis Católicos de Espanha.

Em 1492, fez a sua primeira viagem transatlântica e chegou às ilhas Bahamas, acreditando ter chegado à Ásia.

Fez várias outras viagens à América, mas nunca se apercebeu de que tinha descoberto um continente totalmente novo.

*Esposa, vida íntima e factos divertidos:*

Culón casou-se com Filipa Moniz Perestrelo em 1479, e tiveram um filho chamado Diego.

Não se conhecem muitos pormenores sobre a sua vida íntima ou aspectos pessoais para além da sua carreira de explorador, mas diz-se que era muito guloso nas Américas, fornicando com os nativos.

Um facto curioso é que Colombo levou consigo nas suas viagens um livro intitulado "Imago Mundi", escrito pelo geógrafo Pierre d'Ailly, que influenciou as suas crenças sobre a forma e o tamanho da Terra.

### Contribuições e realizações:

O principal feito de Colombo foi a descoberta da América, que teve um impacto significativo na história mundial ao abrir um novo caminho para o continente americano.

Embora inicialmente acreditasse ter chegado à Ásia, a sua descoberta abriu caminho para a exploração e colonização europeias das Américas.

Colombo também contribuiu para o conhecimento geográfico e cartográfico da época, embora as suas ideias sobre a forma da Terra se tenham revelado erradas.

### Legado e impacto duradouro:

O legado de Cristóvão Colombo é complexo e controverso. Embora seja reconhecido como um explorador notável, é também criticado pelas consequências negativas do colonialismo e pelo seu impacto nas populações indígenas das Américas.

A descoberta da América por Colombo marcou o início da Era dos Descobrimentos e mudou a história mundial ao estabelecer um contacto duradouro entre a Europa e a América.

Colombo tornou-se um símbolo e uma figura de proa da história de Espanha e um ícone da exploração e das descobertas em geral.